1836

LA PRINCESSE DE BABYLONE,

OPÉRA EN TROIS ACTES, EN VERS,

PAROLES DE M. VIGÉE,

MUSIQUE DE M. KREUTZER,

BALLETS DE M. GARDEL.

Représentée pour la première fois, par l'Académie Impériale de Musique, le 30 mai 1815.

Prix : 1 fr. 50 c.

A PARIS,

Chez VENTE, Libraire, Boulevart des Italiens, n° 7, près la rue Favart.

1815.

PERSONNAGES. ACTEURS.

MM.

BÉLUS, roi de Babylone, père d'Ormosa, ALBERT.
ALMAZAN, amant d'Ormosa. NOURRIT.
HERMODAN, roi des Scythes \ DÉRIVIS.
ARBACE, roi d'Egypte } prétendans à la main d'Ormosa. BONEL.
TAXILE, roi des Indes / ELOY.
HIRCAN, confident d'Hermodan, PREVOST.
PHANOR, écuyer d'Almazan, DUCHAMP.
UN OFFICIER de l'armée des Babyloniens, MARTIN.
LE GRAND MAGE, BERTIN.
ORMOSA, Mme BRANCHU.
ALDÉE, Mme CAZOT.
PEUPLES.
SOLDATS, etc.

La Scène est à Babylone.

LA PRINCESSE DE BABYLONE,

OPÉRA

EN TROIS ACTES, EN VERS.

~~~~~~~~~~~~~~~~~~~~~~~~~~

ACTE PREMIER.

Le Théâtre représente une avant-cour du Palais de Bélus.

SCÈNE PREMIÈRE.

HERMODAN, HIRCAN, PRINCIPAUX GUERRIERS SCYTHES.

HERMODAN.

Guerriers, dont le mâle courage
A tant de fois affronté les dangers,
Vous n'êtes point venus sur ces bords étrangers
Pour apporter la mort et le ravage.
De votre Roi quand Bélus est l'ami,
Gardez-vous de manquer au traité qui les lie :
Loin de vous voir comme un peuple ennemi,
Babylone pour vous est une autre patrie.

CHOEUR.

De notre Roi quand Bélus est l'ami,
Babylone pour nous est une autre patrie.

HERMODAN.

Allez, et si le Sort pour de secrets desseins
Doit me faire en ce jour armer votre vaillance,
Dans un respectueux silence
Vous recevrez mes ordres souverains.

CHOEUR.

Pour de secrets desseins
Si vous armez notre vaillance,
S'il faut servir votre vengeance,
Le sang, bientôt, coulera sous nos mains.

(*Les Guerriers sortent.*)

SCÈNE II.

HERMODAN, HIRCAN.

HERMODAN.

Le faste de ces murs, cette pompe brillante,
Ces monumens dont la masse imposante
Semble braver le temps et défier les cieux,
N'ont rien, cher Hircan, qui me tente.
Nourri dans la Scythie, en de sauvages lieux,
Et moins roi que soldat, pour Mars et pour ses jeux
Des Cours j'ai dédaigné l'orgueilleuse mollesse.
Bélus qui sent le poids de la vieillesse,
A sa fille Ormosa veut donner un époux.
Si mon orgueil d'un tel nœud fut jaloux,

L'orgueil seul, en ce jour, n'est plus ce qui me presse
D'allier mon destin au sort de la Princesse.

HIRCAN.

Le choix peut-il tomber sur un autre que vous?
Bélus sent trop, Seigneur, en vous donnant sa fille,
De quel éclat nouveau brillera sa famille.

HERMODAN.

Ami, connais ce cœur;
Je puis porter l'amour jusques à la fureur.
Des rives de l'Indus et des plaines brûlantes
Que féconde le Nil en ses débordemens,
Deux Rois sont arrivés. Au gré de ces amans,
Les heures sont trop lentes.
Ormosa! mes rivaux croiraient la mériter,
Oseraient me la disputer!....

AIR.

Malheur au mortel téméraire,
Malheur à qui voudrait me ravir tant d'appas!
Si, pour les obtenir, combattre est nécessaire,
A l'instant je vole aux combats.

Je n'ai pu qu'entrevoir cette beauté touchante,
Mon cœur a soudain tressailli.
Pour moi la gloire était moins séduisante,
De la seule Ormosa ce cœur était rempli.

Et je n'aurais conçu qu'une espérance vaine!
Et d'une vaine ardeur je serais embrasé!
Quand j'aspire à former la plus aimable chaîne,
On ne verrait en moi qu'un amant méprisé!...

Non, non : malheur, etc.

SCÈNE III.

ORMOSA, BÉLUS, HERMODAN, ALDÉE, HIRCAN, SUITE DE BÉLUS.

BÉLUS.

De Bélus allié fidèle,
Votre présence ajoute aux transports de ma Cour,
Vous nous rendez plus cher ce jour
Où la tendresse paternelle
Doit voir l'Hymen sensible aux soupirs de l'Amour,
Où la main d'Ormosa...

HERMODAN.

J'ai l'orgueil d'y prétendre,
Et, pour la mériter, je puis tout entreprendre.

BÉLUS.

Je voudrais couronner vos vœux,
Prince, et même, en secret, pour vous Bélus espère;
Mais l'Oracle a parlé, mais l'Oracle sévère,
D'avance a des mortels nommé le plus heureux.
« Celui qui de Nembrod tendra l'arc redoutable,
» Qui terrassant un lion furieux,
» Prouvera son adresse et sa force indomptable,
» Est l'époux qu'Ormosa doit recevoir des Dieux. »

HERMODAN.

Je tenterai ces efforts généreux.
En attendant ce moment desirable,
Je revole à mon camp. Un chant religieux
S'élevant, jusqu'au Ciel, en accens belliqueux,
Va m'assurer de Mars le secours favorable.

(Il sort.)

SCÈNE IV.

ORMOSA, BÉLUS, ALDÉE, SUITE DE BÉLUS.

BÉLUS.

Ma fille, dès long-temps, de la faveur des Cieux
    J'attendais un jour si prospère.
  Conçois l'orgueil, le bonheur de ton père ;
    De l'Orient les Rois les plus fameux,
Pour obtenir ta main, accourent en ces lieux.
Instruite de l'arrêt prononcé par l'Oracle,
Tu sais qu'à cet arrêt nul ne peut mettre obstacle.

ORMOSA (*avec embarras.*)

    Soumise à cet ordre sacré,
Je connais mon devoir et je le remplirai.

BÉLUS.

J'avais compté sur ton obéissance ;
Mais ma fille....

ORMOSA.

De moi n'exigez rien de plus.

BÉLUS.

Aurais-tu des regrets ?

ORMOSA.

Ils seraient superflus.

BÉLUS (*vivement*).

Nos ames sont d'intelligence.
Tu crains de me quitter ; un douloureux effroi
Me saisit quand tu vas te séparer de moi.

DUO.

BÉLUS.

Ne plus te voir, ô ma fille chérie,
Quel tourment affreux pour mon cœur!

ORMOSA.

Vous consacrer tous les jours de ma vie,
Eut été pour moi le bonheur.

BÉLUS.

Ne doute point de ma douleur.

ORMOSA.

Ne doutez point de ma douleur.
(*A part*).
Etre réduite à souffrir et se taire!

BÉLUS (*à part*).

Plus que jamais je sens que je suis père.

ORMOSA (*à part*).

Brûler d'un feu qu'il faut cacher!

BÉLUS (*à part*).

De mes bras on va l'arracher.

ENSEMBLE.

(*A part*).   (*A part*).
Quelle peine!   Quelle gêne!

BÉLUS.

Tendre objet de mes alarmes,
Ah! retiens, retiens tes larmes.

ORMOSA.

Ah! laissez couler mes larmes.

ENSEMBLE.

BÉLUS.	ORMOSA.
Un trône pour toi va s'offrir,	Un trône pour moi va s'offrir,
De ton sort je dois m'applaudir.	De mon sort je n'ai qu'à gémir.

ACTE I, SCÈNE V.

BÉLUS.
Oui, j'en crois ma tendresse extrême,
Oui, ton bonheur passera mon espoir.

ORMOSA.
On le trouve toujours auprès de ce qu'on aime.
Mais je l'ai dit, je connais mon devoir.

(*Bélus sort*).

SCÈNE V.

ORMOSA, ALDÉE.

ALDÉE.
Quand de l'Hymen pour vous le plus beau nœud s'apprête,
Votre cœur semble indifférent.
Trois rivaux couronnés briguent votre conquête,
On peut s'enorgueillir d'un tel empressement.

ORMOSA.
Que peut la vanité sur un cœur né sensible,
Quand d'un aimable objet il est vraiment épris?
Il me faut opposer un dédain inflexible
  Au seul mortel que je chéris.

ALDÉE.
Quoi! vous aimez?

ORMOSA.
    En secret j'en frémis.

AIR.

D'une paisible indifférence
J'ai long-temps goûté la douceur,
Mais l'Amour voulait sur mon cœur
Exercer toute sa puissance.

Sans cesse un objet adoré
Charme mes sens et les captive ;
J'appelle en vain ma raison fugitive,
D'un feu trop vif ce cœur est dévoré.

RÉCITATIF OBLIGÉ.

Vains regrets! plaintes stériles!
Eh! que pouvais-je opposer à l'Amour!
Ma chère Aldée, il m'est présent ce jour
Où mes coursiers à leur frein indociles
A travers les rochers précipitaient leurs pas.
Mon char se rompt et se brise en éclats....
Un jeune homme paraît... Que dis-je, chère Aldée?
C'est un héros, un Dieu libérateur.
Tu voudrais vainement t'en former une idée.
Son bras a des coursiers enchaîné la fureur ;
Au plus affreux danger il m'arrache tremblante,
Soutient ma force chancelante...
Il fuit... mais son regard a rencontré le mien...
Ah! qu'il fut éloquent ce muet entretien!...

D'une paisible indifférence, etc.

ALDÉE.

Eh! quel est cet heureux amant?

ORMOSA.

On le dit simple Gangaride ;
Mais son air, son maintien, son courage intrépide
Décèlent un rang éminent.

ALDÉE.

Craignez qu'un aveugle penchant
En sa faveur ne vous décide.

SCÈNE VI.

ORMOSA, ALDÉE, UN OFFICIER BABYLONIEN.

L'OFFICIER.

Princesse, à l'oracle soumis
Le peuple attend que la fête commence.
Venez, lorsqu'à Bélus les Rois sont réunis,
L'embellir de votre présence.

ORMOSA (*à part en sortant*).

Allons à tous les yeux dérober mes ennuis.

SCÈNE VII.

Le Théâtre change, et représente un Amphithéâtre magnifique;
   sur l'un des côtés est l'entrée d'un Temple.
Les places des trois Rois sont distinctes.
La marche commence par les Mages portant l'arc de Nembrod
   sur un coussin d'or : ils vont le déposer dans le Temple, et
   se rangent sur les degrés.
Le peuple de Babylone.
Soldats de la garde de Bélus.
Cour de Bélus et de sa fille, conduite à un trône où Bélus se
   place à côté d'elle.
Almazan et Phanor mêlés parmi les Babyloniens.
Entrée d'Arbace, roi d'Egypte, et de sa suite.
Danse caractéristique.
Entrée de Taxile, roi des Indes, et de sa suite : danse.
Entrée d'Hermodan, roi des Scythes, et de sa suite : évolutions.

CHŒUR DE BABYLONIENS *pendant l'entrée des Rois.*

Que ces murs fondés par Bélus,
Puissent du Temps braver l'outrage;

LA PRINCESSE DE BABYLONE,

De notre Roi qu'on vante d'âge en âge
La gloire et les vertus.

(*Après le Chœur.*)

LE GRAND MAGE.

O vous qu'un noble espoir ici dut réunir,
Monarques, de nos Dieux écoutez l'interprète.
Pour vous ce temple va s'ouvrir.
Que votre bras s'apprête !
De Nembrod, en ce jour sacré,
Venez, dignes rivaux, tendre l'arc révéré.

ARBACE, TAXILE, HERMODAN.

Des Dieux sage interprète,
Nous allons sous vos yeux tendre l'arc révéré.

(*Ils entrent dans le Temple, dont la porte se ferme sur eux.*)

CHŒURS D'ÉGYPTIENS, D'INDIENS ET DE SCYTHES.

Dieux dont l'Egypte }
O Dieux dont l'Inde } implore l'assistance
Dieux dont le Scythe }
Que d'un Roi tout puissant l'effort ne soit pas vain !

(*Le Temple s'ouvre.*)

LE GRAND MAGE.

Les Dieux d'aucun des Rois n'ont comblé l'espérance.

CHŒUR GÉNÉRAL.

Les Dieux d'aucun des Rois n'ont comblé l'espérance.

ARBACE, TAXILE, HERMODAN (*sortant du Temple*).

ARBACE. { Quelle honte pour moi ! Quelle est votre influence ?
TAXILE. { Dieux impuissans ! } Mon effort était vain.
HERMODAN. Mars m'a trahi. }

BÉLUS, ORMOSA, ALDÉE.

BÉLUS. { Elle fait de mon cœur la flatteuse espérance,
{ Et contre moi s'arme un cruel destin.

ACTE I, SCÈNE VII.

ORMOSA. { Tu reviens dans mon cœur, fugitive espérance,
{ Oui, l'amour seul fixera mon destin.

ALDÉE. { Avez-vous pu, grands Dieux, trahir notre espérance?
{ Qui d'Ormosa fixera le destin?

(*Almazan et Phanor sortent des rangs babyloniens et s'avancent au milieu du théâtre.*

ALMAZAN.

Grand Roi dont Babylone
Subit les lois, chérit le trône,
Dans les nobles transports dont mon cœur est épris,
Je brigue la faveur de disputer le prix.

LE GRAND MAGE.

Quels lieux vous ont vu naître?
Votre nom, votre rang?...

ALMAZAN.

Je les ferai connaître.

LE GRAND MAGE.

L'Oracle...

ALMAZAN.

Sur le rang ne s'est point expliqué.
Par la gloire à mon cœur ce jour fut indiqué.
Que l'arc me soit remis, quand nul n'a pu le tendre;
A cet effort heureux il est beau de prétendre.

ORMOSA (*mystérieusement à Aldée*).

C'est lui, c'est mon libérateur.

BÉLUS (*au grand Mage*).

Pouvons-nous approuver sa généreuse ardeur?

LE GRAND MAGE.

C'est le Ciel qui l'inspire, approuvons son ardeur.

(*Almazan s'avance à grands pas vers le Temple pour y tendre l'arc*)

LA PRINCESSE DE BABYLONE,

BÉLUS, ORMOSA, ALDÉE, CHŒUR DE BABYLONIENS.

Secondez, justes Dieux, sa généreuse ardeur!

ARBACE, TAXILE (à part).

Devait-on approuver son indiscrète ardeur?

HERMODAN (à part).

Je saurai bien punir son indiscrète ardeur.

(*Almazan a tendu l'arc, on entend le bruit de la flèche qui frappe un corps retentissant.*)

CHŒUR DE BABYLONIENS.

Victoire! victoire!
Honneur à l'étranger!
Chantons et célébrons sa gloire.

Le roi d'Égypte et le roi des Indes pendant le chœur.	Le roi des Scythes pendant le chœur.
(*A part*).	(*A part*).
Vil étranger!	Grands Dieux! vous protéger
Unissons-nous : il faut venger	Cet étranger
L'affront qu'il fait à notre gloire.	Qui me ravit et l'honneur et la gloire!

BÉLUS.	ORMOSA.	ALDÉE.
Honneur à l'étranger! Chantez, peuple, chantez sa gloire.	Heureuse victoire! C'est lui, c'est l'aimable étranger, Mon cœur jouit de sa gloire.	Heureuse victoire! De l'étranger Chantons et célébrons la gloire.

ALMAZAN (*déposant l'arc aux pieds d'Ormosa*).

AIR.

« L'arc de Nembrod est celui de la guerre,
» L'arc de l'Amour est celui du bonheur,
» Belle Ormosa, par vous ce Dieu vainqueur
» Est devenu le maître de la terre. »

Le chœur répète.

L'arc de Nembrod est celui de la guerre, etc.

ACTE I, SCÈNE VII.

ALMAZAN.

« Trois Rois puissans, trois rivaux aujourd'hui
» Osent prétendre à l'honneur de vous plaire;
» Je ne sais pas qui votre cœur préfère,
» Mais l'univers sera jaloux de lui. »

BÉLUS.

Mages, qui présidez à cette auguste fête,
Parlez, que rien ne vous arrête.
Ormosa...

HERMODAN.

Je l'adore. En vain l'on a pensé
Qu'à sa main jamais je renonce.

LE GRAND MAGE.

L'Oracle s'accomplit, ce succès nous l'annonce.

HERMODAN.

Que dans l'arène un lion soit lancé.
C'est là, jeune inconnu, que mon bras te défie.
Prouve-nous que l'honneur t'est plus cher que la vie.

FINALE.

ALMAZAN.	HERMODAN.	ARBACE et TAÏNE.
Un tel défi plaît à mon cœur.	Si ce défi plaît à ton cœur,	De nos guerriers guidons l'ardeur.
Que pour nous on ouvre la lice;	Que pour nous on ouvre la lice.	Qu'un même étendard nous unisse;
Que l'un de nous deux soit vainqueur,	Que l'un de nous deux soit vainqueur,	Que par le feu, le fer vengeur,
Ou que l'un de nous deux périsse.	Ou que l'un de nous deux périsse.	Babylone entière périsse.

LA PRINCESSE DE BABYLONE,

ARBACE ET TAXILE.

ALMAZAN, PHANOR.

O Ciel! je t'adresse mes vœux,
il t'adresse ses
Seconde l'espoir qui m'anime,
l'anime,
Qu'Ormosa partage mes vœux,
ses
Que le monstre soit ma victime.
sa

ARBACE, TAXILE, *Égyptiens et Indiens.*

ARBACE, TAXILE.

Le Ciel secondera nos vœux
Et le transport qui nous anime.

ÉGYPTIENS, INDIENS.

O Ciel! nous t'adressons nos vœux,
Seconde un prince magnanime.

ARBACE, TAXILE.

Bientôt ce vainqueur odieux,
De son orgueil sera victime.

ÉGYPTIENS, INDIENS.

S'il tente ce combat douteux,
Que le monstre soit sa victime.

BÉLUS, ORMOSA, ALDÉE, *chœur de Babyloniens.*

O Ciel! je t'adresse mes vœux,
nous t'adressons nos
Seconde l'espoir qui l'anime.
De ce dévouement généreux
Ne permets pas qu'il soit victime.

HERMODAN, HIRCAN, *Scythes.*

HERMODAN, HIRCAN.

O Ciel! je t'adresse mes vœux,
Seconde l'espoir qui m'anime.
l'anime.

SCYTHES.

O Ciel! nous t'adressons nos vœux,
Seconde un prince magnanime
S'il tente ce combat douteux,
Que le monstre soit sa victime.

HERMODAN.

Que le monstre soit ma victime.

HIRCAN.

S'il tente ce combat douteux,
Que le monstre soit sa victime.

FIN DU PREMIER ACTE.

ACTE II.

Le Théâtre représente une Place publique.

SCÈNE PREMIÈRE.

TAXILE, ARBACE.

ARBACE.

Bélus a du combat retardé les apprêts.
Le peuple veut qu'un sacrifice
A ce jeune étranger rendant le Ciel propice,
Lui prépare un nouveau succès.
Souffrirons-nous une semblable offense?
Vengeons-nous de tant d'insolence.
A servir mon courroux mes soldats sont tout prêts.

DUO.

ARBACE.

Vous verrez ce que peut Arbace,
Peuple insensé, Roi sans honneur.

TAXILE.

Peut-on plus loin pousser l'audace?
Je partage votre fureur.

ARBACE.

Punissons-les de tant d'audace,
Si vous partagez ma fureur.
   Que le Ciel tonne
   Sur Babylone.

ENSEMBLE.

Que Bélus tremble sur son trône !
Allons, préparons-nous.
Que Bélus de son diadême
N'offense plus notre œil jaloux ;
Que l'étranger, qu'Ormosa même ;
S'il le faut, tombent sous nos coups !

SCÈNE II.

LES PRÉCÉDENS, ALMAZAN, PHANOR (*entrant chacun d'un côté opposé*).

ARBACE.

Je l'aperçois ce jeune téméraire.
Qui peut l'attirer en ces lieux ?

TAXILE.

Oserait-il braver notre colère ?

ARBACE.

Vainqueur présomptueux,
Nous devons à ton âge un conseil salutaire.
A la belle Ormosa tu t'es flatté de plaire.
Abjure pour jamais des projets insensés ;
Les Rois impunément ne sont point offensés.

ALMAZAN.

Je pourrais m'étonner d'une telle menace,
J'en suis reconnaissant ; elle accroît mon audace.
Des Peuples, il est vrai, sont soumis à vos lois,
Mais le hasard, lui seul, trop souvent fait les Rois ;
Et quel que soit l'éclat dont brille une couronne,
Doit-on s'en applaudir quand c'est lui qui la donne ?

ACTE II, SCÈNE III.

L'honneur n'appartient pas à qui peut la porter,
Mais à qui, par son bras, a su la mériter.

QUATUOR.

ARBACE.

Téméraire! Quelle insolence!
T'oublier ainsi devant nous?

ARBACE et TAXILE (*à part*).

Je ne sais qui de mon courroux
Retient encor la violence?

ALMAZAN.

Est-ce appeler votre courroux
Que défier votre vaillance?

ARBACE et TAXILE.

Tremble, insensé, tremble. A présent,
Plus de pitié, plus de clémence.
Tu subiras le châtiment
Qu'a mérité ton arrogance.

ALMAZAN.	PHANOR.
Qui? moi, trembler! non, à présent,	Qui? lui, trembler! non, à présent,
Je sens doubler mon espérance;	Ils ont doublé son espérance;
Et, lorsque j'aime éperdument,	Et lorsqu'il aime éperdument,
Je puis braver votre puissance.	Il saura braver leur puissance.

(*Arbace et Taxile sortent*).

SCÈNE III.

ALMAZAN, PHANOR.

ALMAZAN.

Cher Phanor, tu le vois;
Est-ce à de pareils traits qu'on reconnaît les Rois?
Mais parle; as-tu du moins pu remplir ta promesse?

2

PHANOR.

Oui, Seigneur, oui; bientôt vous verrez la Princesse.
Sans doute, elle apprendra de vous
De quel sang vous sortez, que dans un rang suprême...

ALMAZAN.

Je dois le taire encor. Phanor, il est si doux
De n'être aimé que pour soi-même!

AIR.

Belle Ormosa, de toi séparé trop long-temps,
J'ai condamné mon amour au silence.
Ah! viens calmer par ta présence
L'excès de mes tourmens.

Jour et nuit je languis, je brûle, je soupire.
Je ne pense qu'à toi, je ne vis que pour toi :
T'aimer est mon unique loi,
Et te plaire, le bien, le seul bien où j'aspire.

Belle Ormosa, etc.

Je ne me trompe point; c'est elle qui s'avance.

SCÈNE IV.

ORMOSA, ALMAZAN, ALDÉE, PHANOR.

ORMOSA (*à part*).

Aldée, hélas! je tremble à son aspect.

ALMAZAN.

Princesse, en ce moment, le trouble... le respect...
Je me reproche un desir téméraire.
Moi! prétendre au bonheur de vous entretenir...
Mais ce serait trop me punir
Que vous armer d'un front sévère.

ACTE II, SCÈNE IV.

ORMOSA (*émue*).

Je n'ai point oublié tout ce que je vous dois ;
Je ne consulte point mon rang ni ma naissance ;
  Je songe aux droits
 Que vous avez à ma reconnaissance.

ALMAZAN.

Cet aveu m'est bien doux ; mais, Princesse, en ce jour,
 La victoire devient le gage de l'amour ;
Son laurier doit parer le front de l'hymenée,
  Elle seule nomme l'époux
  Qui sera votre destinée !
Combien d'un si beau titre on doit être jaloux.
Verriez-vous, sans regret, un simple Gangaride,
Par un arrêt du sort, prétendre à votre main ?
 Parlez.

ORMOSA (*de même*).

  Suivez votre destin ;
Marchez dans le sentier où la gloire vous guide ;
Et sur un avenir pour vous trop incertain,
 N'exigez pas qu'Ormosa se décide.

ALMAZAN.

Ainsi, je le prévois, mon succès serait vain.

DUO.

ALMAZAN.

Vous ignorez ce qu'un sentiment tendre
  Exige de retour ;
  A de l'amour,
C'est de l'amour que l'on doit rendre.

ORMOSA.

Je conçois bien ce qu'un sentiment tendre

Exige de retour;
A de l'amour,
C'est de l'amour que l'on doit rendre.
Mais pourquoi me parler d'amour?

ALMAZAN.

Vous voir, sans vous parler d'amour,
Un tel effort est impossible;
Épargnez un cœur trop sensible.

ORMOSA.

J'ai comme vous un cœur sensible.

ALMAZAN.

Daignez-vous m'accorder quelque droit sur ce cœur?

ORMOSA.

C'est au Destin lui seul à nommer mon vainqueur.

ALMAZAN.

Prenez pitié de ma souffrance.

ORMOSA.

J'aurais dû fuir votre présence.

ALMAZAN.

Vous me désespérez.

ORMOSA.

A quels combats vous me livrez!

ALMAZAN.

Un seul mot que vous pourriez dire
Ravirait tous mes sens.

ORMOSA.

Ce seul mot que je pourrais dire,
Troublerait tous mes sens.

ALMAZAN.

Parlez.

ORMOSA.

Non, je ne puis.

ALMAZAN.

A mes trausports brûlans
Opposer de l'indifférence.

ORMOSA.

Ce n'est point de l'indifférence.

ALMAZAN.

J'en mourrai, je le sens.

ORMOSA.

Eh bien !

ALMAZAN.

Eh bien !

ORMOSA.

Aimez-moi, j'y consens.

SCÈNE V.

LES PRÉCÉDENS, HERMODAN.

TRIO.

HERMODAN.

Dieux ! qu'est-ce que j'entends ?
(*A Ormosa.*)
Vous ! trahir ainsi votre gloire !

ALMAZAN.	ORMOSA.
En quoi trahit-elle sa gloire ?	Comment ai-je trahi ma gloire ?

HERMODAN (*à Ormosa.*)

L'encourager par des aveux !
D'un froid dédain payer mes feux !

ALMAZAN.
M'encourager par des aveux,
C'était récompenser mes feux.

ORMOSA.
C'est lui dont le bras généreux,
Me sauva d'un danger affreux.

HERMODAN.

Par tant de perfidie
Est-ce bien moi qu'on humilie ?
Craignez tout de ma fureur.

ALMAZAN (à Ormosa).
Voyez en moi son protecteur.

ORMOSA.
Il a des droits sur mon cœur.

(*On entend un bruit éclatant de trompettes.*)

HERMODAN.

Mais du combat le signal nous appelle.

ALMAZAN.

Oui, du combat le signal nous appelle.

HERMODAN.

Marchons.

ALMAZAN.

Marchons.

ORMOSA (*à part.*)

Hélas !

ENSEMBLE.

ALMAZAN.	HERMODAN.	ORMOSA (à part).
La fortune à mes vœux ne sera point rebelle, Et je saurai mériter ses appas.	La fortune aux grands cœurs n'est pas toujours rebelle, Je te saurai disputer ses appas.	O fortune ! à ses vœux, aux miens, être rebelle, Oui, ce serait ordonner mon trépas.

(*Hermodan et Almazan sortent.*)

SCÈNE VI.
ORMOSA, ALDÉE.

ORMOSA.

Aldée, un froid mortel de mon âme s'empare.
Je veux en vain bannir un noir pressentiment.
    Ma trop faible raison s'égare.
    Le danger qu'il court m'est présent.

Récitatif obligé.

Il périrait!... sa dépouille sanglante
    Par un rival victorieux
    Offerte peut-être à mes yeux,
Me glacerait d'horreur et d'épouvante!...
Il périrait!... Oui, je le vois,
    Du fier tyran des bois
    Éprouvant toute la furie,
Sur le sable étendu, sans haleine, sans vie....

AIR.

Présage affreux qui me poursuis,
Image pour moi trop horrible,
Fuyez. Vous supporter, hélas! m'est impossible,
Dans l'état cruel où je suis.

CHŒUR *dans la coulisse.*

O malheur déplorable!
Il va périr.

ORMOSA.

Quel cri funèbre!

CHŒUR *dans la coulisse.*

    O sort épouvantable!
Il va mourir.

ORMOSA.

Ah ! je respire à peine ;
Mes yeux se sont couverts d'un nuage confus ;
Je succombe à ma peine,
Je ne me soutiens plus.

(*Elle tombe dans les bras d'Aldée.*)

SCÈNE VII.

LES PRÉCÉDENS, BÉLUS, GROUPES DE BABYLO-
NIENS.

CHOEUR DE BABYLONIENS.

A l'étranger rendons hommage.
Vantons de l'étranger la force et le courage ;
Le monstre expire à ses pieds abattu.

ORMOSA (*qui s'est ranimée par degrés.*)

Serait-il vrai, mon père ?...

BÉLUS.

Applaudissons, ma fille,
Aux succès éclatans de ce jeune inconnu :
Non moins que le courage en lui la vertu brille.

RÉCITATIF.

Ce Roi fameux dont le Scythe à genoux
Contemple la présence,
Du lion, le premier, affronte le courroux.
Il a compté sur sa vaillance,
Le lion échappe à ses coups,
Et déjà sous la dent cruelle
Le sang ruisselle....

L'étranger a soudain paru,
Le péril cesse, et le monstre est vaincu.
   Le Chœur reprend :
A l'étranger rendons hommage, etc.
    ORMOSA.
Je te rends grâce, ô Ciel, de ta bonté suprême.
    BÉLUS.
Tout le peuple enchanté se presse de lui-même
  Autour d'un vainqueur généreux.
Quand déjà mon Palais retentit de sa gloire,
Allons y célébrer le favori des Cieux.
(*Le Théâtre change, et représente un Palais où tout est préparé pour la fête triomphale du vainqueur.*)
    MARCHE.
Bélus au milieu de sa Cour, Ormosa environnée de femmes
  portant des couronnes de fleurs;
Almazan, devant qui l'on porte une tête de lion;
Différens quadrilles de danse, etc.
CHŒUR DE SCYTHES ET DE BABYLONIENS *précédant l'entrée d'Almazan.*

Notre Roi, } lui doit la vie.
Un grand Roi }
  Son bras victorieux
A du lion terrassé la furie.
  Élevons jusqu'aux Cieux
  Cet exploit glorieux.
    BÉLUS.
Peuple, dans ce moment, par des chants, par des jeux,
Signalez les transports dont votre ame est remplie
A l'aspect d'un mortel avoué par les Dieux.
      (*Danse.*)

SCÈNE VIII.

LES PRÉCÉDENS, UN OFFICIER BABYLONIEN.

FINALE.

L'OFFICIER BABYLONIEN.

Aux armes ! aux armes !
De toutes parts nous sommes assaillis.

BÉLUS.

Qui peut à Babylone inspirer des alarmes ?

L'OFFICIER.

L'Égyptien, l'Indien réunis,
Ne nous présentent plus que des fronts ennemis.

ORMOSA, BÉLUS, PEUPLE, etc.

Du Ciel implorons l'assistance.

ALMAZAN.

En invoquant le Ciel, songez à la vengeance :
C'est au combat qu'il faut courir.
Deux rois perfides
Aiguisaient contre vous leurs lances homicides ;
Prince, contre eux, mon bras va vous servir.

ORMOSA, BÉLUS, PEUPLE.

Dieux ! dissipez l'orage.
Écartez le péril que notre œil envisage.

ALMAZAN.

Ces Rois, dans leur fureur,
Auront en vain commandé le carnage ;
Promettez-moi votre courage,
Je vous promets un défenseur.

ACTE II, SCÈNE VIII.

Que l'ardeur qui m'inspire
Enflamme votre cœur !
Il faut sauver l'Empire ;
Partageons cet honneur.

BÉLUS, ORMOSA, ALDÉE, PHANOR.

Sans doute, un Dieu l'inspire.

BÉLUS, ORMOSA, ALDÉE. { Comptons } sur sa valeur,
PHANOR. { Comptez } il sauvera l'Empire.

PHANOR.   Il sauvera l'Empire.

BÉLUS, ORMOSA, ALDÉE. { Voilà notre } vengeur.
PHANOR. { Voilà votre }

TOUS LES BABYLONIENS.

Oui, l'ardeur qui l'inspire
Enflamme notre cœur,
Courons sauver l'Empire ;
Partageons cet honneur.

FIN DU SECOND ACTE.

ACTE III.

Le Théâtre représente une Prison en forme de vaste souterrain, éclairé de distance en distance par des lampes funèbres.

SCÈNE I.

ALMAZAN.

Applaudis-toi de ton ouvrage,
　　Destin cruel, je suis vaincu.
La nuit, la sombre nuit a trompé mon courage ;
Trois fois l'acier vengeur en mes mains s'est rompu.
Dans les rangs ennemis renversé, confondu,
　　Bientôt les fers ont été mon partage.
Dans quel abîme, hélas ! je me vois descendu !

AIR.

　　Mais, Bélus ? sa famille ?
　　Que devient son auguste fille ?
　　Ormosa ! ces murs ténébreux
Répondent à mes cris par un silence affreux.

　　Objet charmant, toi que j'adore,
Faut-il perdre l'espoir de te revoir encore ?

SCÈNE II.

ORMOSA, ALMAZAN, GARDES *précédant et suivant Ormosa.*

ALMAZAN.

Qui vient troubler ma solitude ?
Des soldats ! leur aspect... Mais, que vois-je ? Ormosa,
Quoi ! c'est vous ? des tourmens que le Ciel m'imposa,
Vous voir en cet état, est pour moi le plus rude.

ORMOSA.

Comme vous, des vainqueurs j'ai dû subir la loi.
Ils jouissent d'avance, en pensant que c'est moi
Qui dois vous révéler le plus affreux mystère.

ALMAZAN.

Du moins, sur votre sort dissipez mon effroi.

ORMOSA.

Un ordre sanguinaire
Vous a proscrit. Arrachée à mon père,
Je puis sauver ses jours et ceux que je lui dois,
Si j'ajoute à votre misère
D'opposer à l'amour un injuste dédain,
D'accepter, en votre présence,
Tout-à-l'heure, ici même, et le trône et la main
De l'un de ces deux Rois qu'enflamme la vengeance.

ALMAZAN.

Ormosa, vous savez si mon vœu le plus doux
Était de vous chérir comme amant, comme époux,
Si mon cœur d'un rival eût supporté l'image.
Mais je ne dois songer qu'à détourner l'orage

Prêt à fondre sur vous.
Oubliez à jamais un mortel qui vous aime.
En faveur de l'un de ces Rois,
Puisqu'il le faut, hélas! décidez votre choix,
Et laissez-moi, dans mon malheur extrême,
En m'arrachant à vous, m'arracher à moi-même.

ORMOSA.

Un tel conseil, grands Dieux, vous me l'osez donner?

ALMAZAN.

Oui, laissez-moi subir mon destin déplorable.

ORMOSA.

Me détacher de vous! je n'en suis point capable.

ALMAZAN.

Je suis un malheureux qu'il faut abandonner.

ORMOSA.

Non; à mes propres yeux, je serais trop coupable.
Des dangers que tu cours je veux m'environner.

DUO.

ORMOSA.

Je pourrais te survivre!
Ah! ne l'espère pas.

ALMAZAN.

Dans la nuit du trépas
Vous résoudre à me suivre!
Vivez, vivez sans moi.

ORMOSA.

Quand je vivais pour toi,
Je pourrais te survivre!

ACTE III, SCÈNE III.

ENSEMBLE.

ALMAZAN.
Dans la nuit du trépas
Vous résoudre à me suivre.

ORMOSA.
Dans la nuit du trépas
Ormosa doit te suivre.

ALMAZAN.

Bannissez-moi de votre souvenir.

ORMOSA.

Non ; de mon cœur rien ne peut te bannir.

ALMAZAN.

Par cet amour qui règne sur votre ame,
Par ma constante flamme,
Ormosa, laissez-vous fléchir.

ORMOSA.

Oui, cet amour qui règne sur mon ame,
Oui, ta constante flamme
Pour jamais vont nous réunir.

ENSEMBLE.

ALMAZAN.
Grands Dieux ! témoins d'un tel courage,
Son sort devrait vous attendrir.
Lorsque mourir est mon partage,
Que tout seul je puisse mourir.

ORMOSA.
Grands Dieux, soutenez mon courage !
Vous m'ordonnez de le chérir,
Lorsque mourir est son partage,
Qu'avec lui je puisse mourir !

SCÈNE III.

LES PRÉCÉDENS, ARBACE, TAXILE, SOLDATS INDIENS et ÉGYPTIENS.

ARBACE.

Princesse, expliquez-vous.
Vous savez les projets de deux Rois magnanimes.

En répondant à leurs vœux légitimes,
Avez-vous fait choix d'un époux?

ORMOSA.

De l'aveu de nos Dieux, de l'aveu de mon père,
J'ai fait un choix, le seul que mon cœur a dû faire.

TAXILE.

Parlez ; qui de nous deux peut prétendre au bonheur
De s'allier ?...

ORMOSA.

Tous deux, vous me faites horreur.
Barbares! vous pensiez que l'effroi du supplice
Vous donnerait des droits à la main d'Ormosa,
Et que de vos forfaits je deviendrais complice.
J'ai dû prendre un époux ; cet époux, le voilà.

(*Elle se jette dans les bras d'Almazan.*)

A vos vœux telle est ma réponse.
C'est mon arrêt que je prononce,
Je ne puis en douter : je saurai le subir,
Et je l'attends avec impatience.
Toi, cher époux, compte sur ma constance ;
Dans le même tombeau la mort va nous unir.

ARBACE et TAXILE.

Oui, pour punir ce mépris, cette offense,
Dans le même tombeau la mort va vous unir.

(*Ils sortent*).

SCÈNE IV.

ALMAZAN.

AIR.

Tristes adieux! Destin barbare!
Le désespoir de moi s'empare.
Vains soupirs! stérile fureur!
Je ne puis la sauver, la rage est dans mon cœur.
Et je vis! quel est mon malheur!
Ah! ma raison s'égare.
J'étais vainqueur....
Je l'étais! ô destin barbare!
Il faut donc que j'abjure et l'amour et l'honneur.

Tristes adieux! Destin barbare! etc.

SCÈNE V.

HERMODAN (*enveloppé d'une peau de tigre*), ALMAZAN, HIRCAN.

ALMAZAN.

Lorsqu'au sort qui m'attend j'ai dû me préparer,
Venez-vous m'avertir....

HERMODAN.
Je viens te délivrer.

ALMAZAN.
Qu'entends-je?

HERMODAN (*jetant son manteau*).
Reconnais un rival qui t'abhorre,
Mais un mortel sensible et généreux.

Ormosa t'aime et dédaigne mes vœux ;
Mais c'est par toi que je respire encore :
Contre tes ennemis je t'offre mon secours ;
Je le dois, je le puis, et viens sauver tes jours.

ALMAZAN.

O Roi vraiment digne du trône !

HERMODAN.

Heureux par un bienfait d'anoblir ma couronne.

ALMAZAN.

Eh ! comment reconnaître un service si grand ?

HERMODAN.

Tu peux le demander ?

ALMAZAN.

Eh bien ?

HERMODAN.

En l'acceptant.

ALMAZAN (*voulant se jeter aux pieds d'Hermodan*).

Dans les transports de ma reconnaissance....

HERMODAN (*l'arrêtant*).

N'abaisse point mon vainqueur à mes yeux ;
Tous les momens sont pour toi précieux.
 Sous cet habit trompe la vigilance
 Des soldats qui gardent ces lieux ;
Ils croiront me revoir et je te réponds d'eux,
 Mon or les a trompés d'avance.
 Sous ton habit j'attendrai tes bourreaux.

ALMAZAN.

Moi, vous abandonner à ce péril extrême !

ACTE III, SCENE VI.

HERMODAN.

Ne crains pas plus que je ne crains moi-même :
Le sang que j'ai perdu, mes blessures, mes maux
Me privent de l'honneur d'embrasser ta querelle
Je te confie aux soins de cet ami fidèle ;
C'est lui, dans ces détours, qui guidera tes pas.
Va, sans perdre un instant, te joindre à mes soldats ;
Contre des oppresseurs protège la faiblesse ;
Sauve Bélus et sauve ta maîtresse.
Ta maîtresse !

ALMAZAN.

Croyez.....

HERMODAN.

Pars, ne diffère pas.

ALMAZAN (*à Hircan, après un mouvement d'hésitation et un geste de sensibilité*).

Sortons, (*à part.*) Dieux protecteurs, prenez soin de sa vie.

SCÈNE VI.

HERMODAN.

Va recouvrer le bien que mon ame t'envie.
Mais que dis-je ? Sur moi quel funeste retour !
Par des regrets souiller la bienfaisance....
N'oublions pas qu'à la reconnaissance
Je dus immoler mon amour.

AIR.

Abjurons pour jamais une indigne faiblesse ;
Etouffons de lâches soupirs.
Que la gloire, à présent, soit ma seule maîtresse,
Qu'elle seule à présent fixe tous mes désirs.
(*On entend le prélude d'une marche militaire et lugubre.*)

Quel bruit sinistre a frappé mon oreille ?
Verrait-on s'achever les plus noirs attentats ?
Pour des infortunés la crainte en moi s'éveille.
On approche ; attendons ; ne nous découvrons pas.

(*Il s'enveloppe du manteau d'Almazan.*)

SCÈNE VII.

HERMODAN, SOLDATS ÉGYPTIENS ET INDIENS.

(*Les soldats paraissent, s'approchent d'Hermodan, l'entourent et l'emmènent aux sons de la musique guerrière indiquée ci-dessus.*)

SCÈNE VIII.

Le Théâtre change et représente une place publique éclairée aux flambeaux. On aperçoit, dans le fond, le temple d'Isis. Un bûcher est dressé en avant du temple. Arbacé et Taxile, entourés d'une garde nombreuse occupent l'espace qui sépare le temple du bûcher. Des gardes conduisant Ormosa, Bélus et Hermodan, font le tour du théâtre.

ARBACE, TAXILE, HERMODAN, BÉLUS, ORMOSA, GARDES, SOLDATS.

(*Pendant la marche.*)

CHOEUR D'ÉGYPTIENS ET D'INDIENS.

Il faut punir un crime abominable,
Laver l'affront fait à des Rois.
Ce bûcher, à leur voix,
Aura bientôt dévoré le coupable.

(*Après la marche.*)

ACTE III, SCÈNE VIII.

ARBACE.

Invincibles soutiens de nos droits outragés,
 Vous fûtes témoins de l'offense.
Quand le Ciel veut que nous soyons vengés,
 Applaudissez à la vengeance.

CHOEUR D'ÉGYPTIENS ET D'INDIENS.

Quand le Ciel veut que des Rois soient vengés,
 Applaudissons à la vengeance.

(*Des soldats armés de torches s'approchent du bûcher.*)

HERMODAN.

Barbares! suspendez ces horribles apprêts.
 Rois indignes du rang suprême,
A votre tour, tremblez; et sous ces traits
 Revoyez Hermodan lui-même.

CRI GÉNÉRAL.

Hermodan!

HERMODAN (*à Taxile, à Arbace*).

Vous venger par un assassinat!
Traîtres!

ORMOSA ET BÉLUS (*à part*).

Mon cœur se rouvre à l'espérance.

ARBACE.

Un Roi trahir sa cause et prendre la défense,

HERMODAN.

D'un mortel cher aux Dieux, d'un généreux soldat.

ARBACE ET TAXILE.

Qui? vous le protéger! Guerriers dont la vaillance...
 Quel bruit soudain! Quel tumulte! Quels cris!

SCÈNE IX.

LES PRÉCÉDENS, ALMAZAN, HIRCAN, PHANOR.

ALMAZAN (*s'élançant de la coulisse à la tête des Scythes*).
Marchons, braves amis.

(*Un combat s'engage, les Indiens et les Egyptiens, commandés par Arbace et Taxile, cèdent, après quelque résistance, à l'impétuosité des Scythes commandés par Almazan et Hircan. Le bûcher est renversé et ses débris dispersés. Arbace et Taxile tombent au pouvoir des vainqueurs*).

ALMAZAN (*aux Scythes, en montrant Arbace et Taxile*).
Délivrez-nous de leur présence.

(*Les Scythes emmènent Arbace et Taxile*).

SCÈNE X.

ORMOSA, BÉLUS, HERMODAN, ALMAZAN, ALDÉE, PHANOR, HIRCAN, GUERRIERS SCYTHES ET BABYLONIENS REMPLAÇANT LES GUERRIERS INDIENS ET ÉGYPTIENS.

ALMAZAN (*à Hermodan*).

Tous mes vœux sont comblés. Par vos soins généreux
J'ai sauvé la beauté, la vertu, l'innocence ;
 J'ai triomphé de deux ambitieux ;
 Le père d'Ormosa recouvre sa puissance ;
Allons de mon bonheur rendre graces aux Dieux.

    TOUS.
Allons de son bonheur rendre graces aux Dieux.

ACTE III, SCENE XII

HERMODAN.

Oui, de l'encens de la reconnaissance
Viens charger leurs autels, et du sort le plus doux
Quand tu jouis, grace à ma bienveillance,
Sache quelle est ma récompense.
C'est de te voir heureux sans en être jaloux.
(*Les portes du Temple s'ouvrent, et laissent voir les Mages rangés et placés dans un ordre religieux*).

LE GRAND MAGE.

Mortels soumis aux lois de cet empire,
Le Ciel, en ce moment, vous parle par ma voix.
Cet illustre étranger est né du sang des Rois;
L'Oracle a daigné m'en instruire.
Almazan est son nom, et ces marbres pieux
Protégent les tombeaux où dorment ses aïeux.
Le sort, par un caprice étrange,
L'exila, jeune encor, sur les rives du Gange;
Lorsqu'à nos bords ce héros est rendu,
Consacrez par vos chants sa gloire et sa vertu.

LE CHOEUR.

Consacrons, etc.

FINALE.

BÉLUS.

Almazan, de la main d'un père
Reçois la couronne en ce jour.

ALMAZAN.

Je ne veux de la main d'un père
Que l'objet cher à mon amour.

HERMODAN, ORMOSA, PHANOR, ALDÉE.

Il ne veut de la main d'un père
Que l'objet cher à son amour.

BÉLUS. { Ah ! reçois
ORMOSA. { Tu l'obtiens } de la main d'un père.
ALMAZAN. { Je l'obtiens

HERMODAN, ALDÉE. { Il l'obtient
HIRCAN, PHANOR. { Cet objet cher à { mon / ton / son } amour.

ALMAZAN (*à Ormoza*).

Sans être Roi, je sus vous plaire.

ORMOSA.

Sans être Roi, tu sus me plaire.

HERMODAN, HIRCAN, PHANOR, ALDÉE.	ALMAZAN, ORMOSA, BÉLUS.
Momens si doux	Momens si doux
Pour deux époux,	Pour deux époux,
Que votre image	Que votre image
Les dédommage	Nous dédommage
De ces malheurs	De ces malheurs
Qui leur ont coûté tant de pleurs.	Qui nous ont coûté tant de pleurs.

CHŒUR GÉNÉRAL.

Le Ciel enfin nous est propice,
Célébrons à jamais
Le souvenir de ses bienfaits,
Le souvenir de sa justice.

(*Divertissement*).

FIN.

De l'Imprimerie de DEMONVILLE, rue Christine, n° 2.

www.ingramcontent.com/pod-product-compliance
Lightning Source LLC
Chambersburg PA
CBHW060512050426
42451CB00009B/950